Hannovers und Wolfenbüttels Regentschaft über Mecklenburg-Schwerin

Eine historische Analyse der Mecklenburgischen Exekution 1717

Hans-J. Schmidt-Stein

GRIN ☺

Bibliografische Information der Deutschen Nationalbibliothek:

Die Deutsche Nationalbibliothek verzeichnet diese Publikation in der Deutschen Nationalbibliografie; detaillierte bibliografische Daten sind im Internet über http://dnb.d-nb.de abrufbar.

ISBN: 9783389039045
Dieses Buch ist auch als E-Book erhältlich.

Als Hannover und Wolfenbüttel Mecklenburg-Schwerin regierten (Mecklenburgische Exekution)

von HANS-J. SCHMIDT-STEIN

Es dürfte weniger bekannt sein, dass Hannover, nämlich das Kurfürstentum Braunschweig-Lüneburg, auch Kurfürstentum Hannover genannt, und Wolfenbüttel, das Fürstentum Braunschweig-Wolfenbüttel, vor rund 300 Jahren einmal das Herzogtum Mecklenburg-Schwerin regiert haben. Das geschah im mecklenburgischen Ständekampf, in dem der ab 1713 regierende Herzog Karl Leopold von Mecklenburg-Schwerin eine unrühmliche Rolle spielte. Eine Gesamtdarstellung dieser Ereignisse gibt es soweit mir ersichtlich nicht[1].In der jeweiligen Landesgeschichtsschreibung wird das damalige Geschehen meist nur in politischer bzw. militärischer Hinsicht behandelt[2].Darum soll es hier aber nicht gehen. Es ist auch keine umfassende Darstellung der Mecklenburgischen Exekution beabsichtigt. Gegenstand der Arbeit wird es sein aufzuzeigen, wie Mecklenburg-Schwerin damals von Hannover und Wolfenbüttel regiert und verwaltet worden ist. Soweit zum Verständnis erforderlich, ist es dabei allerdings notwendig, auch darauf einzugehen, wie es zu der Herrschaft über Mecklenburg-Schwerin gekommen ist.

---

[1]Im Niedersächsischen Landesarchiv, Abteilung Hannover, liegen aber umfangreiche Archivalien (die Bestände Hann. 9 g und Hann. 47 II, im Folgenden zitiert: Hann. 9 g Nr... bzw. Hann. 47 II Nr...), die in dieser Arbeit herangezogen wurden. Sie sind allerdings vom Leinehochwasser im Jahre 1946 stark beschädigt, aber soweit es ging restauriert und damit wieder lesbar gemacht worden.

[2]z. B. Otto VITENSE, Geschichte von Mecklenburg, Gotha 1920; Wolf KARGE/ Ernst MÜNCH/ Hartmut SCHMIED, Die Geschichte Mecklenburgs, Rostock, [4]2004; Michael NORTH, Geschichte Mecklenburg-Vorpommerns, München 2008; s.a.Walter MEDIGER, Mecklenburg, Rußland und England-Hannover 1706 – 1721, 2 Bde. Hildesheim 1967 (Bd. 70 der Quellen und Darstellungen zur Geschichte Niedersachsens, hg. vom Historischen Verein für Niedersachsen) und Michael BUSCH, Machtstreben- Standesbewußtsein- Streitlust Landesherrschaft und Stände in Mecklenburg von 1755 – 1806, Köln, Weimar, Wien, 2013 (Bd. 13 der Quellen und Studien aus den Landesarchiven Mecklenburg-Vorpommerns); Johann Friedrich PFEFFINGER, Historie des Braunschweig-Lüneburgischen Hauses bis auf das Jahr 1733, Dritter Theil, Hamburg 1734;Wilhelm HAVEMANN, Geschichte des Landes Braunschweig und Lüneburg, Dritter Bd.,Göttingen 1857; Christof RÖMER in: Geschichte Niedersachsens , begründet von Hans Patze, Bd.3.1, Hannover 1998; s. a. L. V. SICHART, Geschichte der Königlich Hannoverschen Armee, Zweiter Bd.,Hannover1870.

Vorgeschichte

Der Mecklenburgische Ständekampf begann nicht erst mit der Regentschaft des Herzogs Karl Leopold im Jahre 1713. Er herrschte schon vorher, und es war bereits seitens des Kaisers bzw. des Reiches versucht worden schlichtend einzugreifen.[3](Beendet wurde der Ständekampf übrigens erst mit dem Erbvergleich von 1755.[4]) Bei Karl Leopold mit seinen absolutistischen Bestrebungen hatte er aber seinen Höhepunkt erreicht.[5] Unter dem Schutz Zar Peter des Großen, seinem Schwiegervater[6], und dessen im Lande befindlichen russischen Truppen [7] setzte der Herzog die Stände unter Druck. Er versuchte, dem Adel und der Stadt Rostock, der er eine Besatzung aufzwang,[8]ihre alten Privilegien und Gerechtsame zu entziehen[9]und verlangte von den Ständen die Mittel für ein stehendes Heer.[10]Außerdem sollte der Adel ihm einen Treueeid leisten. Wer das nicht tat, wurde zum Rebellen erklärt, sein Besitz wurde konfisziert und er wurde des Landes verwiesen.[11]Es fügte sich aber nur eine Minderheit, sodass die Masse der Rittergüter konfisziert wurde.[12]Der Adel floh, vor allem auch ins Kurfürstentum Hannover.[13]Alle Ermahnungen des Kaisers nützten nichts. Es intervenierte u.a. auch Hannover. Aber Karl Leopold blieb ungerührt.[14]Nunmehr wandten sich die Stadt Rostock und die mecklenburgische Ritterschaft an den Reichshofrat in Wien,[15]also das in solchen Angelegenheiten zuständige Reichsgericht.[16] Daraufhin wurde das Reich nach Maßgabe der Reichsexekutionsordnung tätig.

Die Reichsexekutionsordnung von 1555 regelte im Heiligen Römischen Reich die Sicherung des Landfriedens und die Vollstreckung reichsgerichtlicher Urteile.[17]Dazu wurden Truppen der Reichskreise eingesetzt.[18]Das Reich war in zehn Reichskreise eingeteilt, darunter der niedersächsische, zu dem Mecklenburg gehörte.[19]Den Reichskreisen standen directores agentes vor. Das waren im niedersächsischen Reichskreis damals der Kurfürst von Hannover und der Herzog von Wolfenbüttel.[20]

---

[3]Vgl. BUSCH, Machtsteben. wie Anm. 2, S.44.
[4]NORTH, Geschichte M-V, wie Anm. 2, S.55;V.SICHART, Geschichte Armee, wie Anm. 2, S.465.
[5]NORTH, ebd. S. 54; BUSCH, Machtstreben, wie Anm. 2, S.44.
[6]BUSCH, ebd.
[7]V. SICHART, Geschichte Armee, wie Anm. 2, S. 398 und 405.
[8]HAVEMANN, Geschichte Braunschweig Lüneburg, wie Anm. 2, S.499; V. SICHART, ebd. S.380.
[9]ZEDLER, Universallexikon, Bd. 20, Halle und Leipzig, 1739, Sp.41.
[10]NORTH, Geschichte M-V, wie Anm. 2, S.54.
[11] V.SICHART, Geschichte Armee, wie Anm. 2,S. 373; MEDIGER, Mecklenburg, Bd. 1, wie Anm. 2, S. 373.
[12]MEDIGER, ebd., S.373.
[13]ZEDLER, Universallexikon Bd. 20, wie Anm. 9, Sp.42; BUSCH, Machtstreben, wie Anm. 2, S. 44.
[14]ZEDLER, ebd.; HAVEMANN, Geschichte Braunschweig Lüneburg, wie Anm.2, 499.
[15]HAVEMANN, ebd.; NORTH, Geschichte M-V, wie Anm. 2, S. 54; V. SICHART, Geschichte Armee, wie Anm. 2, S. 380.
[16]Enzyklopädie der Neuzeit, hg. v. Friedrich JAEGER, Stuttgart/ Weimar Bd. 10, S. 917.
[17]ZEDLER, Bd. 8, wie Anm.9, Sp. 2350; Enzyklopädie der Neuzeit, ebd., S 903.
[18]Erich BAYER/Frank WENDE, Wörterbuch zur Geschichte, Stuttgart ^{5}1995, S. 145.
[19]Lexikon der Deutschen Geschichte, hg. von Gerhard TADDEY, Stuttgart 1977 S. 998; Zedler, Bd. 20, wie Anm.9, Sp. 40.
[20]PFEFFINGER, Historie, wie Anm.2, S. 752/753.

Nachdem man den Zar mit Erfolg zur Räumung des Landes gedrängt und der Herzog Karl Leopold noch versucht hatte, das Blatt zu wenden,[21] verhängte der Reichshofrat gegen Karl Leopold das Konservatorium über die mecklenburgische Ritterschaft und die Stadt Rostock, welches der Kaiser im Oktober 1717 Hannover und Wolfenbüttel zur sofortigen Durchführung übertrug.[22]Gleichwohl kam es nicht zur sofortigen Ausführung dieser Aufgabe als einer Art Schutzmacht in Mecklenburg-Schwerin. Der Kurfürst Georg Ludwig von Hannover, seit der Personalunion ab 1714 als Georg I. König von Großbritannien und Irland, zögerte.[23]Ob der Herzog von Braunschweig-Wolfenbüttel August Wilhelm ebenfalls so zurückhaltend war, ist nicht überliefert. Jedenfalls kam es insoweit zu keinem Alleingang von Wolfenbüttel. Hannover hatte Bedenken, musste zur Ausführung der Exekution außer vom Kaiser übrigens auch vom Prinzen Eugen[24] gedrängt werden und stellte Bedingungen,weil es ein Eingreifen Preußens und Russlands befürchtete.[25]Erst als ihm bewaffneter Beistand zugesichert wurde, wagte es Georg, die Exekution auszuführen.[26]

Ende Februar und Anfang März 1719 überschritten hannoversche und wolfenbütteler Exekutionstruppen unter hannoverscher Führung bei Boitzenburg und Artlenburg die Elbe und marschierten in das Herzogtum Mecklenburg-Schwerin ein.[27]Die militärische Ausführung der Exekution war vorher zwischen Hannover und Wolfenbüttel abgestimmt worden.[28]Erfolgreichen Widerstand gegen den Einmarsch gab es nicht. Bis auf Dömitz wurde das ganze Herzogtum besetzt. Karl Leopold floh.[29]Die Exekutiontruppen bestanden aus ca. 10.000 Mann.[30]Es heißt, dass sie mit Frauen und Kindern eingerückt seien und sich auf eine längere Besatzungszeit eingerichtet hätten.[31]Allerdings wurde die Truppenstärke bereits im Jahre 1719 auf Verlangen des Kaisers reduziert. Schließlich blieben 1.200 Infanteristen und ein Dragonerregiment.[32]

[21]BUSCH, Machtstreben, wie Anm. 2, S.44; V.SICHART, Geschichte Armee, wie Anm. 2, S. 414.

[22]MEDIGER,Meckenburg, wie Anm. 2, Bd. 1, S. 367, 370.

[23]V. SICHART, Geschichte Armee, wie Anm. 2, S. 374,397 f.; MEDIGER, ebd. S.397.

[24]V. SICHART, ebd., S. 374, 406.

[25]V.SICHART, ebd., S. 397.

[26]V.SICHART, ebd., S. 411.

[27]V.SICHART, ebd., Das militärische Geschehen ist auf S. 363 ff. ausführlich geschildert; HAVEMANN, Geschichte Braunschweig Lüneburg, wie Anm. 2, S. 500; MEDIGER, Mecklenburg, wie Anm. 2, S. 411; BUSCH, Machtstreben, wie Anm. 2, S. 45

[28]Hann. 47 II, Nr. 25/01,02,03,06

[29]HAVEMANN,Geschichte Braunschweig Lüneburg wie Anm., 2, S.500; V.SICHART, Geschichte Armee, wie Anm. 2, S. 411f.; MEDIGER,Mecklenburg, wie Anm. 2, S. 412; BUSCH, Machtstreben, wie Anm. 2, S.45.

[30]V.SICHART, Geschichte Armee, wie Anm. 2, S. 411; MEDIGER, ebd., S.397. Die Zahlenangaben schwanken etwas: KARGO/MÜNCH/SCHMIED, Geschichte Mecklenburgs, wie Anm. 2, S.90, geben 12.000 Mann an.

[31]VITENSE, Geschichte Mecklenburg, wie Anm. 2, S. 258; PATZE, Geschichte Niedersachsens, wie Anm. 2, 232

[32]V.SICHART, Geschichte Armee, wie Anm. 2, S. 434, 442

Regierung und Verwaltung Mecklenburg-Schwerins während der Reichsexekution

Soll ein besetztes Land regiert regiert werden, so geschieht das in der Regel durch eine zentrale Besatzungsbehörde bzw. von der Besatzung etablierte Behörde, der die weiter bestehenden Behörden des Landes untergeordnet sind. So verhielt es sich auch rd. 85 Jahre später, als das Kurfürstentum Hannover 1803 und 1806 von Napoleon okkupiert und eine Exekutiv-Kommission eingerichtet wurde[33].oder nach Kriegsende 1945 mit den Militärregierungen der einzelnen Besatzungszonen. Im von den Exekutionstruppen besetzten Mecklenburg-Schwerin wurden zwei derartige Behörden eingerichtet, nämlich die kaiserliche Exekutionskasse in Boitzenburg und die kaiserliche Kommission in Rostock.

Die Kaiserliche Exekutionskasse

Zunächst ging es darum, dem Herzog Karl Leopold die Mittel für eine etwaige Aufrüstung zu entziehen[34].In die Kasse flossen deshalb die Einkünfte aus den herzoglichen Domänen,[35]   aber darüber hinaus auch alle anderen Einkünfte des Landes,[36]also auch die aus der mecklenburgischen Kontribution (dem Steueraufkommen),[37]den Ämtern, deren Verpachtung auch Aufgabe der Exekutionskasse war,[38]aus den Forsten, dem Elbzoll, der Post sowie den Salz- und Mineralienvorkommen.[39]Mit einem kaiserlichen Patent wurde allen mecklenburgischen Beamten untersagt, bei Vermeidung der doppelten Zahlung alle fürstlichen Einkünfte nirgends anders als nach der Exekutionskasse einzuliefern.[40] Die Kasse diente nicht dazu, die eigentlichen Exekutionskosten zu decken. Von ihnen wird später noch die Rede sein. Auch die laufenden Kosten der Exekutionstruppen fielen der Kasse nicht zur Last. Ursprünglich war das zwar vorgesehen, doch dann wollte König Georg diese Aufwendungen später als Gesamtsumme erstattet haben. Die Truppen lebten nicht wie damals sonst üblich vom Lande, sondern wurden aus der hannoverschen und der wolfenbüttelschen Kriegskasse versorgt. Allerdings waren ihnen im Lande Quartier und

---

[33]Hans-J. SCHMIDT-STEIN, Die Verwaltung des Kurfürstentums Hannover während der ersten napoleonischen Okkupation(1803 – 1805), Hannover 2016, S. 16, 23; ders., Die Verwaltung des Kurfürstentums Hannover zwischen der ersten und der zweiten napoleonischen Okkupation (1805/1806)-insbesondere nach der (zweiten) preußischen Inbesitznahme (1806) und in der Folgezeit (bis 1810), Hannover 2019, S. 65

[34]V.SICHART, Geschichte Armee, wie Anm. 2, S. 450; vgl. auch Hann. 9 g Nr. 791.

[35]V.SICHART, ebd. S. 443.

[36]V.SICHART, ebd., S. 445; HAVEMANN, Geschichte Braunschweig Lüneburg, wie Anm. 2, S. 501; PFEFFINGER, Historie, wie Anm. 2, S. 768; vgl. auch Hann. 9 g Nr. 820.

[37]Hann. 47 II Nr. 25/08.

[38]Hann. 9 g z.B. Nrn. 1315, 1318.

[39]V.SICHART, Geschichte Armee, wie Anm. 2, S. 445.

[40]PFEFFINGER, Historie, wie Anm. 2, S.767 ff.

Fourage zu stellen.[41]

Aus der Exekutionskasse wurden verschiedenartige Zahlungen geleistet.[42]Zu nennen sind Zahlungen an Bedienstete (Diäten),[43]aber auch auch an meklenburgische Bedienstete, so etwa die Besoldungen der Hofgerichts- und Justizbediensteten.[44]Allerdings solle die Kasse durch solche Ausgaben nicht sonderlich belastet werden. Bedienstete, die man nicht höchst notwendig habe, sollten entlassen oder wenigstens in ihren Gehältern etwas gekürzt werden, damit die Kasse desto besser imstande sei, die ohnehin unumgängliche Besoldungen und Abgaben abzuführen.[45] Es gab auch Beihilfen für mecklenburgische Untertanen.[46] Aufgrund eines kaiserlichen Reskriptes waren sogar Alimentationsgelder an eine eine herzogliche Witwe abzuführen,[47]später erhielt auch der Nachfolger Karl Leopolds, auf den noch zurückzukommen sein wird, Zahlungen aus der Exekutionskasse,[48]und selbst Karl Leopold wurden Mittel für seine persönlichen Bedürfnisse und seinen Hofstaat zugewiesen.[49]Über Einkünfte und Ausgaben der Kasse musste monatlich an die Geheimen Räte in Hannover berichtet werden.[50]Auch über die Exekutionskosten wurde genau Buch geführt.[51]

Unabhängig von der Exekutionskasse bestand in Rostock der Landkasten. Dabei handelte es sich um die Kasse der gemeinsamen Stände von Mecklenburg-Schwerin und Mecklenburg-Strelitz[52], in die Steuereinnehmer zu liquidieren hatten.[53]

Erster Leiter der Exekutionkasse war der Sachsen-Lauenburgische Landdrost v. Werpup.(Sachsen-Lauenburg gehörte seit 1705 zum Kurfürstentum Hannover.) Er war schon vor Einmarsch der Truppen vom Kaiser berufen worden.[54]Zu zeichnen hatte er als „ Zur kaiserlichen Exekution in Mecklenburg verordneter(Kassendirektor)".[55]Nach v.Werpups Tod folgte v. Fabrice und nach dessen Tod v. Hans.[56] Es gab aber nicht nur die hannoverschen Kassendirektoren, sondern auch wolfenbüttelsche, z. B. den Hofrat Schütz, der nach dem Tod von v.Werpup neben v. Fabrice die

---

[41]V. SICHART, Geschichte Armee, wie Anm. 2, S. 443.
[42]Hann. 9 g Nrn. 38, 1564.
[43] Hann. 47 II Nr. 23.
[44]Hann. 9 g Nrn. 909, 921,1702.
[45]Hann. 9 g Nrn. 38, 909.
[46]Hann. 9 g 1546.
[47]Hann. 9 g Nr. 1352.
[48]Hann. 9 g Nrn. 980, 982.
[49]V.SICHART, Geschichte Armee, wie Anm. 2, S. 445.
[50]Hann. 9 g Nr. 950.
[51]Hann. 47 II Nr. 23; Hann. 9 g Nr. 1702.
[52]Helge BEI DER WIEDEN, Kleiner Abriss der mecklenburgischen Verfassungsgeschichte – Sechshundert Jahre mecklenburgische Verfassung, Schwerin 2007, S. 6 ff.
[53]Hann. 9 g Nr. 1696.
[54]PFEFFINGER, Historie, wie Anm. 2, S. 770, HAVEMANN, Geschichte Braunschweig Lüneburg, wie Anm. 2, S. 401; V.SICHART, Geschichte Armee, wie Anm. 2, S. 412, 443: Hann. 9 g Nr. 785.
[55]Hann. 47 II Nr. 24/1.
[56]Hann. 9 g Nrn. 784, 1020.

Kasse übernahm.[57]An weiterem Personal waren Sekretäre und Kassierer vorhanden[58].

Die Exekutionskasse war im nach dem Brand von 1709 wiederaufgebauten[59]Rathaus von

Boitzenburg untergebracht.[60]Sie war während des ganzen Verlaufes der Exekution tätig.

Die Kaiserliche Kommission

Die aus hohen Beamten des Kurfürstentums Hannover und des Herzogtums Braunschweig-

Wolfenbüttel bestehende Kaiserliche Kommission mit Sitz in Rostock[61]übernahm jetzt anstelle der

bisherigen die Regierung des Herzogtums Mecklenburg-Schwerin die Gesetzgebung[62]und die

Verwaltung.[63] Allerdings kam insoweit nur die Verwaltung auf der höheren Ebene in Betracht. Die

Kommission war ja den bestehenden unteren Behörden, wie etwa den Ämtern, übergeordnet und

führte dementsprechend auch die Aufsicht über sie. Jedoch gab es weiterhin die Fürstlich

Mecklenburgische Kanzlei zu Rostock.[64]Dort wird man sicher die Kaiserliche Kommission nicht

akzeptiert haben, ebenso wie auch sonst die Bereitschaft zur Zusammenarbeit nicht allseits von

vornherein gegeben war[65]und es Widersetzlichkeiten und Obstruktion gab.[66]So bestand ein

zwiespältiges Regiment des Landes.[67]Allerdings wird man auch nicht sagen können, dass der

Herzog die eigentlichen Regierungs- und Justizangelegenheiten behalten habe.[68]Näheres über den

Umfang der Tätigkeit der Kommission, der allein die Zivilverwaltung oblag, wird sogleich

darzustellen sein. Für die mit den Exekutionstruppen im Zusammenhang stehende militärische

Verwaltung, die hier nicht von Interesse ist, weil sie das Herzogtum als solches nicht betraf, gab es

ein Kommissariat mit eigenen Bediensteten.[69]

Das Regiment der Kommission wurde als adelsfreundlich bezeichnet.[70]Es ist jedoch zu

berücksichtigen, dass die Kommission im mecklenburgischen Ständekampf ja gerade zu Gunsten

der Stände und gegen den Herzog angeordnet wurde. Demgemäß ging es zunächst darum, insoweit

---

[57]Hann. 9 g Nr. 784.
[58]Hann. 9 g Nr. 150.
[59]Auskunft von Frau Inga Ragnit, Stadt Boitzenburg/Museum.
[60]vgl. Hann. 9 g Nr. 1490.
[61]V.SICHART, Geschichte Armee, wie Anm. 2, S. 412.
[62]KARGOE/MÜNCH/SCHMIED, Geschichte Mecklenburgs, wie Anm. 2, S. 90.
[63]HAVEMANN, Geschichte Braunschweig Lüneburg, wie Anm. 2, S. 501; VITENSE, Geschichte Mecklenburg, wie Anm. 2, S. 258; NORTH, Geschichte M-V, wie Anm.2, S. 54; PATZE, Geschichte Niedersachsens, wie Anm. 2, S.232.
[64]vgl. Hann. 9 g Nr. 1696.
[65]Vgl. V.SICHART,Geschichte Armee, wie Anm. 2, S.363, BUSCH, Machtstreben, wie Anm. 2, S.45.
[66]Hann. 9 g Nr. 957; ZEDLER, wie Anm. 2, Bd. 20, Sp. 44 ff.;V.SICHART, ebd. S. 363; BUSCH, ebd. S. 45.
[67]VITENSE, Geschichte Mecklenburg, wie Anm.2, S. 259.
[68]so aber VITENSE, ebd.
[69]Hann. 47 II Nr. 23.
[70]So BUSCH, Machtstreben, wie Anm. 2, S. 45.

den früheren Zustand wiederherzustellen.[71]Mit Einrücken der Exekutionstruppen kehrte der geflohene Adel langsam zurück[72]und wollte in seine Güter und Rechte wieder eingesetzt werden. Entsprechendes galt auch für die Stadt Rostock.[73]Die Kommission zog folglich die vom Herzog erlassenen entgegenstehenden Patente ein. Gegen die Ritterschaft waren in den Jahren von 1717 und 1718 acht solcher Patente ergangen.[74]

Als nächste wichtige Aufgabe nahm sich die Kommission der Ordnung der Finanzen des Herzogtums an.[75]In diesem Zusammenhang ging es auch um die Berichtigung des Hufenwerks.[76]Es diente der Steuererhebung, denn die Hufe war Steuereinheit.[77]Nach der Größe ihrer Hufen und Äcker hatten Bauern zu gewissen Zeiten Hufen-Gelder zu entrichten.[78]

Dass die Kommission sich nicht nur auf die Domanialverwaltung beschränkte,[79]zeigen Beispiele anderer Verwaltungstätigkeit. Zu erwähnen sind etwa die Teilnahme an der Abhaltung eines öffentlichen und allgemeinen Landtages in Mecklenburg,[80]die Erteilung von Instruktionen an Soldaten und Beamte,[81]die Bestallung von Beamten und Zöllnern in mecklenburgischen Ämtern,[82]die Einsetzung von Landräten,[83]die Ernennung der Lizentbediensteten im Herzogtum,[84]die Bürgermeistereinsetzung[85]und die Besetzung der Amtsnotariate.[86]   Das alles sind Aufgaben, die einer übergeordneten Behörde mit Leitungsfunktion auch zukommen. Für eine Verwaltungstätigkeit in der Breite ist sie nicht zuständig.

Nach kaiserlicher Instruktion oblag der Kommission das Polizei- und Justizwesen. Unter Polizei ("Policey") war damals etwas anderes zu verstehen als heute, nämlich in etwa umfassend die allgemeine Verwaltung,[87]einschließlich der Polizei im heutigen Sinne. Für sie und die Justiz sollte die Kommission unter Wiederherstellung der vormals bestehenden Verhältnisse nur „in genese", d.h. im allgemeinen zuständig, sein, nicht aber für den Einzelfall.[88]Sie wurde dadurch noch einmal ausdrücklich als übergeordnete Instanz charakterisiert.

Ein aufgefundenes Beispiel für die Funktion der Kommission auch als Gesetzgeber ist der Erlass

---

[71]VITENSE, Geschichte Mecklenburg, wie Anm. 2,S. 258/259
[72]BUSCH, Machtstreben, wie Anm. 2, S. 45.
[73]Hann. 9 g Nr. 369.
[74]Hann. 9 g Nr. 353.
[75]Immer wieder ist von den Finanzen die Rede, z.B. Hann. 9 g Nrn. 1396 und 1397.
[76]Hann. 9 g Nr. 957.
[77]MEYERS Großes Konversationlexikon, Bd. 9, Leipzig und Wien 1908, S.608.
[78]ZEDELER, Universallexikon, Bd. 13, Leipzig und Halle 1735, Sp. 1101 ff.
[79]So aber TERRITORIEN-PLÖTZ, Geschichte der deutschen Länder, 1. Bd., Würzburg 1964, S. 544.
[80]Hann. 9 g Nr. 213.
[81]Hann. 9 g Nr. 1696.
[82]Hann. 9 g Nr. 38.
[83]Hann. 9 g Nr. 210.
[84]Hann. 9 g Nr. 67.
[85]Hann. 9 g Nr. 178.
[86]Hann. 9 g Nrn. 280,282.
[87]ZEDLER, Universallexikon, Bd. 28, Leipzig und Halle 1741, Sp. 1503.
[88]Hann. 9 g Nr. 3.

einer Verordnung gegen „Zigeuner, Bettler und Landstreicher".[89]

Personell bestand die Kommission in Rostock aus ernannten und mit Instruktionen versehenen[90]Subdelegierten. Sie war paritätisch aus wie schon erwähnt hohen Beamten des Kurfürstentums Hannover und des Fürstentums Wolfenbüttel besetzt. Von hannoverscher Seite waren (außer dem für die Exekutionskasse zuständigen Landdrost v. Werpup) dies der lüneburgische Landschaftsdirektor v. Spörcke und der cellische Oberappellationsrat v. Alvensleben, von Wolfenbüttel wurden der Geh.-Rat v. Heimburg und der Hofrat v. Steinberg entsandt.[91]Den Subdelegierten standen zwei Sekretäre zur Seite,[92]an weiterem Personal gab es soweit nachweisbar einen Kanzlisten und auch einen Pedell.[93]Im weiteren Verlauf der Exekution traten Wechsel im Personal der Kommission ein. Sie wurde offenbar verkleinert, denn im November 1728 gab es nur noch je einen Subdelegierten aus Hannover und aus Wolfenbüttel (Hofrat Hugo und v. Brave).[94]Eine besondere Situation ergab sich im Jahre 1731. In Wolfenbüttel trat ein Regierungswechsel ein. Auf Herzog August Wilhelm folgte Herzog Ludwig Rolf.[95]Der neue Herzog wartete auf die Transferierung der Konservation durch den Kaiser auf ihn und zog den wolfenbüttelschen Subdelegierten (nun den Geh. Legationsrat v. Grone) zurück. Der hannoversche Subdelegierte Hugo bat die Geheimen Räte in Hannover um Weisung, wie er sich jetzt bei den Kommissionsgeschäften verhalten solle. Er erhielt die Order, dass er die gewöhnlichen Angelegenheiten ruhen, aber bei Gefahr im Verzuge oder wenn es um die Sicherheit und Ruhe im Lande gehe, allein handeln solle. (Die Anordnung der kaiserlichen Konservation enthielt offenbar eine Klausel, die in solchen Fällen ein alleiniges Tätigwerden zuließ.) Das Problem war aber schon bald obsolet, denn der wolfenbüttelsche Subdelegierte Grone erhielt schon kurze Zeit später ein Reskript seiner Regierung, in bisheriger Weise fortzufahren.[96]Zu zeichnen hatten die Subdelegierten ähnlich wie die Direktoren der Exekutionskasse als „ Zur Kaiserlichen Kommission" bzw. als „Zur gegenwärtigen Exekutions-Kommission subdelegierte Räte".[97]

Um der Loyalität der mecklenburgischen Beamten in den der Kommission nachgeordneten Behörden wie den Ämtern versichert zu sein, hatten alle diese Bediensteten eine schriftliche eidliche Erklärung abzugeben, wonach sie die gewissenhafte Erfüllung ihrer Amtspflichten gegenüber der Exekutionsverwaltung gelobten. Wer sich weigerte, diesen Revers zu unterschreiben,

---

[89]Hann. 9 g Nr. 498.
[90]Vgl. Hann. 9 g Nr. 15.
[91]PFEFFINGER, Historie, wie Anm. 2, S. 770 ff.; HAVEMANN, Geschichte Braunschweig Lüneburg, wie Anm. 2, S. 501, Hann. 9 g Nrn. 15 und 150.
[92]Hann. 9 g Nrn. 150, 369.
[93]Hann. 9 g Nr. 1697.
[94]Hann. 9 g Nr. 1667; vgl. auch Hann. 47 II Nrn. 9 und 10.
[95]O. HOHNSTEIN, Geschichte des Herzogtums Braunschweig, Braunschweig 1908, Regenten- und Stammtafel.
[96]Zum Ganzen Hann. 9 g Nr. 484.
[97]Hann. 9 g Nr. 11 bzw. Hann 47 II Nr. 25/10.

dem drohte Entlassung aus seinem Amt. Beim Amtmann von Doberan wurde das auch so praktiziert.[98]

Die Arbeitsweise der Kommission war die eines Kollegialorgans, wobei die Federführung bei den bzw. dem hannoverschen Subdelegierten gelegen haben dürfte.[99]Die Berichte, Dekrete, Verordnungen usw. wurden von allen Subdelegierten unterzeichnet.[100]Offenbar gab es bei der Abstimmung untereinander keine Probleme.[101]Die Kommission war in ihrer Entscheidungsfreiheit beschränkt. Davon zeugen viele Berichte (Relationen) an die Geheimen Räte in Hannover und die Fürstlich Wolfenbüttelschen Räte.[102]In die mecklenburgischen Angelegenheiten wurden auch der König in London und der hannoversche Gesandte am Wiener Hof Huldenberg eingeschaltet.[103]Die Kommission hielt ständigen Kontakt zur mecklenburgischen Land- und Ritterschaft, die sich insbesondere auch für die Wohlfahrt des Landes einsetzte.[104]Sie stellte als Deputierten für die Kommission einen Landrat.[105]Zu berücksichtigen waren auch die Interessen von Mecklenburg-Strehlitz.[106]

Sogar zwischen der Kommission und dem Herzog Karl Leopold gab es Kontakte. Der Herzog, der gegen die Einsetzung der Kommission naturgemäß protestiert hatte, sollte einen Bevollmächtigten bestellen,[107]was er schließlich auch tat. Er erhielt Protokollextrakte, an ihn wurden Eingaben der Stände weitergeleitet,[108]und vor der Einziehung seiner gegen die Ritterschaft gerichteten Patente wurde er angehört.[109]

Die Arbeitsweise der Subdelegierten verlief nicht ohne Kritik aus Hannover und Wolfenbüttel. Sie wurden 1725 gerügt, ihre Geschäft vor allem bezüglich der Kontributionen zu langsam und nicht mit dem gehörigen Eifer und Fleiß betrieben zu haben.[110]

Über die Geschäftstätigkeit geben die Protokolle der Kommission, aus denen u.a. auch Vorladungen, die Erteilung von Mandaten, die Entgegennahme von Gesuchen und natürlich die gefassten Beschlüsse zu ersehen sind,[111]weitere Auskunft. Außerdem wurde von der Kommission ein Geschäftstagebuch („Diarium") geführt, in dem nach Tagen aufgelistet wurde, was sich jeweils

---

[98]Hann 9 g Nr. 809.
[99]So wurden z. B. Bei Abrechnungen wolfenbüttelsche Aufwendungen mit einbezogen, vgl. Hann. 47 II Nr. 23.
[100] Vgl. z. B. Hann. 9 g Nrn. 11, 4, 498.
[101] Insoweit ist jedenfalls nichts überliefert.
[102] z. B. Hann. 9 g Nr. 38, Hann. 47 II Nr. 23.
[103] Hann. 9 g Nr. 11; Hann. 47 II Nrn. 23, 25/01, 25/08.
[104] Hann. 9 g Nr. 11.
[105] Ebd.
[106] Ebd.
[107] Hann. 9 g Nr. 4.
[108] Hann. 9 g Nrn. 1696, 1697.
[109] Hann. 9 g Nr. 353.
[110] Hann. 9 g Nr.108.
[111] Hann. 9 g Nrn. 1696.

zugetragen hatte.[112]

Eröffnet wurde die Kommission am 22. Juni 1719 im Rathaus von Rostock.[113]Später tagten die Subdelegierten auch im Hause einzelner ihrer Mitglieder.[114]Wie lange die Subdelegierten das Herzogtum Mecklenburg-Schwerin regierten und verwalteten, wird später zu erörtern sein.

Die weitere Entwicklung

Für die weitere Entwicklung der mecklenburgischen Exekution, der Regierung und Verwaltung des Herzogtums Mecklenburg-Schwerin, spielten die Ereignisse des Jahres 1728 eine besondere Rolle. Das hängt vielleicht auch mit dem Regierungswechsel in London und Hannover im Jahr zuvor zusammen. Vor allem aber mischte sich nun Preußen ein. Es hatte bereits früher Interesse gezeigt, als im Jahre 1721 der Kaiserliche Hof einmal erwogen hatte, Mecklenburg-Schwerin zu sequestrieren.[115]Der König in Preußen beanspruchte jetzt in seiner Eigenschaft als Herzog von Magdeburg und damit gegenwärtiger director agens des niedersächsischen Reichskreises, die Kommission zu übernehmen, jedenfalls an ihr teilzuhaben.[116]Im Land herrschten Unruhen,[117] und preußische Truppen griffen ein.[118]Am 11. Mai 1728 verordnete der Kaiserliche Hof in Wien eine Veränderung der mecklenburgischen Kommissionssachen und der angeordneten Landesadministration, und zwar auch zugunsten Preußens, das bereits mit den mecklenburgischen Ständen Verbindung aufgenommen hatte.[119]Hannover und Wolfenbüttel wollten alles auf dem bisherigen Stande belassen.[120]Es gab insoweit Verhandlungen, und Hannover hatte noch versucht, die Einbeziehung Preußens auch auf diplomatischem Wege zu verhindern.[121]Das gelang aber nicht, denn der damit auch dynastische Interessen verfolgende preußische König wurde zum dritten Konservator bestellt.[122]Hannover betrieb noch im Jahre 1736 in Wien die Wiederaufhebung der Bestellung. Die Preußen missbrauchten ihre Konservation, ihr Militär habe Tumulte verursacht und betreibe preußische Werbung. Deswegen solle die Aufhebung der preußischen Konservation „ex officio", also von Amts wegen, aus politischen Gründen verfügt werden,[123]was aber nicht geschah.

---

[112] Hann. 9 g Nr. 44, allerdings nur von Mai 1719 bis Januar 1723.
[113] Hann. 9 g Nrn. 4, 1696.
[114] Hann. 9 g Nr. 1697.
[115] Hann. 9 g Nr. 275.
[116] Hann. 9 g Nr.1667.
[117] Hann. 9 g Nr. 1505.
[118] Hann. 9 g Nr. 1667; BUSCH, Machtstreben, wie Anm. 2, S. 45.
[119] Hann. 9 g Nr. 1667.
[120] Ebd.
[121] Hann. 9 g Nrn. 338, 339.
[122] Hann. 9 g Nr. 11; BUSCH, Machtstreben, wie Anm. 2, S. 45; VITENSE, Geschichte Mecklenburg, wie Anm. 2, S. 265.
[123] Hann. 9 g Nr. 1225.

Ob und ggfs. inwieweit Preußens Beteiligung an der Konservation Einfluss auf die Regierung und Verwaltung des Herzogtums Mecklenburg-Schwerin nahm, ist nicht nachgewiesen. Jedenfalls behielten die hannoverschen und wolfenbüttelschen Subdelegierten ihre Amtsgeschäfte bei.

Gleichzeitig trat noch eine weitere Änderung ein. Inzwischen hatten sich unhaltbare Zustände ergeben, weil der Herzog Karl Leopold von Dömitz aus [124]immer wieder versuchte, die Anordnungen der Kommission zu untergraben und wieder selbst zu regieren.[125]Nun, durch Dekret des Reichshofrates vom 11. Mai 1728, griff Wien ein und suspendierte den Herzog zunächst einmal vorläufig.[126]Zugleich wurde sein jüngerer Bruder Christian Ludwig ebenfalls „provisorisch" zum Kaiserlichen Kommissar bzw. Administrator bestellt.[127]Später, im Oktober 1732,[128]waren die Absetzung Karl Leopolds und die Einsetzung Christian Ludwigs zum kaiserlichen Kommissar dann endgültig. Der Kaiser hatte befohlen, die Kommission Christian Ludwig allein zu überlassen.[129]Damit hätte sich die Aufgabe der hannoverschen und wolfenbüttelschen Subdelegierten an sich erledigt gehabt. Christian Ludwig sah sich jedoch gehindert, die Administration zu führen, weil sich entgegen kaiserlichem Befehl noch 1.200 Mann Exekutionstruppen im Lande befanden[130]und stellte deren Abzug zur Bedingung.[131]Die Kommission machte den Abzug der Truppen jedoch von dem Ersatz der Exekutionskosten abhängig.[132]Später wird noch darauf einzugehen sein, welche Auswirkungen diese Entschädigungsforderung hatte. Nachdem Kaiser Karl VI. gestorben war, hielt man die Einsetzung Christian Ludwigs für erloschen und ein neues Bestätigungspatent für erforderlich. Dieses wurde dann 1742 auch erteilt. Christian Ludwig stützte sich zu dieser Zeit schon auf im Lande befindliche holsteinische und schwarzenbergsche Truppen.[133]

Im Oktober 1732 kam es nach längeren Verhandlungen zwischen dem Kaiser und Georg II. zu einem Vertrag, nach dem Christian Ludwig fortan selbst das Amt eines kaiserlichen Kommissars in Mecklenburg-Schwerin erhielt (seine Einsetzung 1728 war damit seitens der bisherigen

[124] BUSCH, Machtstreben, wie Anm. 2, S. 45
[125] BUSCH, ebd.; HAVEMANN, Geschichte Braunschweig Lüneburg, wie Anm. 2, S. 5O2.
[126] BUSCH, ebd., V.SICHART, Geschichte Armee, S. 464; KARGE/MÜNCH/SCHMIED, Geschichte Mecklenburgs, wie Anm. 2, S. 90; VITENSE, Geschichte Mecklenburg, wie Anm. 2, S.259.
[127] HAVEMANN, Geschichte Braunschweig Lüneburg, wie Anm. 2, S. 502; V.SICHART, Geschichte Armee, wie Anm. 2, S. 464; ZEDLER, Universallexikon, wie Anm. 9, Bd. 20, Sp. 40 ff.; NORTH, Geschichte M-V, wie Anm. 2, S. 54; Hann. 9 g Nr. 1667.
[128] KARGE/MÜNCH/SCHMIED, Geschichte Mecklenburgs, wie Anm. 2, S. 90.
[129] ZEDLER, Universallexikon, wie Anm. 9, Bd. 20, Sp. 40 ff.,VITENSE, Geschichte Mecklenburg, wie Anm. 2, S. 259.
[130] Hann. 9 g Nr. 11.
[131] ZEDLER, Universallexikon, wie Anm. 9, Bd. 20, Sp. 40 ff.
[132] ZEDLER, ebd.
[133] Hann. 9 g Nr. 1064

Kommission als verbindlich zu respektieren) und der Abzug der Kommissionstruppen nach einer an Hannover und Wolfenbüttel zu zahlenden Entschädigung von 790.000 bzw. 270.000 Talern beginnen sollte.[134]Es ergingen kaiserliche Befehle an die drei Konservatoren, Mecklenburg zu verlassen, was dann 1735 auch geschah.[135]Schon 1730 hatte der Kaiser alle zur Beruhigung des Landes erlassenen Verfügungen der Kommission gebilligt und sie selbst bereits als „ehemalige" bezeichnet.[136] Nach Abstimmung zwischen Hannover und Wolfenbüttel erhielt die Kommission 1733 Instruktionen für ihre Auflösung. Bestimmte und einzeln aufgeführte Akten, so vor allem die die Ritter- und Landschaft, die Kammereinkünfte und die Kontribution betreffenden Akten, sollten vorerst nach Boitzenburg gebracht werden[137].Nachgewiesen ist die Tätigkeit der Subdelegierten in Rostock, nämlich zuletzt Hugo für Hannover und Grone für Wolfenbüttel, dann auch bis ins Jahr 1733[138].

Die Spezialhypothek

Bei den Kosten der Exekution[139]handelte es sich um die Militärausgaben, die ja wie erwähnt nicht aus der Exekutionskasse beglichen worden waren. Sie wurden allerdings nicht in der geltend gemachten Höhe anerkannt. Um die Schuldenlast zu verringern, machte der Reichshofrat erhebliche Abstriche. So blieben nur die Kosten erstattungsfähig, die der vom Kaiser jeweils akzeptierten oder gebilligten Truppenstärke entsprachen und die aus den Einnahmen der Kammergüter bestritten werden sollten.[140]Es handelte sich um die schon genannten Beträge, also insgesamt etwa eine Million Taler.[141]Weil diese so nicht aufgebracht werden konnten, stellte Christian Ludwig Landesanweisungen aus.[142]Daraus entstand dann die Spezialhypothek. Das war keine Hypothek im Rechtssinn, sondern eher ein Nießbrauch, also das Recht, Nutzungen zu ziehen. Die Spezialhypothek bezog sich auf die Einkünfte aus bestimmen Ämtern, die „verpfändet" wurden. Für Hannover und Wolfenbüttel waren dies die acht Ämter Boitzenburg mit der Hälfte des Elbzolls, Wittenburg, Zarrentin, Bakendorf, Gadebusch, Rehna, Grevesmühlen und das Amt Mecklenburg,[143]die der Kaiser ihnen 1735 übergab.[144]Preußen forderte auch eine

[134] VITENSE, Geschichte Mecklenburg, wie Anm. 2, S. 263
[135] BUSCH, Machtstreben, wie Anm. 2, S. 45.
[136] Hann. 9 g Nr. 11.
[137] Hann. 9 g Nr. 1490.
[138] Hann. 9 g Nr. 498.
[139] S. dazu Hann. 47 II Nr. 23.
[140] V.SICHART, Geschichte Armee, wie Anm. 2, S. 444, vgl. auch MEDIGER, Mecklenburg, wie Anm. 2, S. 444.
[141] HAVEMANN, Geschichte Braunschweig Lüneburg, wie Anm. 2, S. 502.
[142] VITENSE, Geschichte Mecklenburg, wie Anm. 2, S. 259.
[143] BUSCH, Machtstreben, wie Anm. 2, S.46 Fn. 107; HAVEMANN, Geschichte Braunschweig Lüneburg, wie Anm. 2, S.502, zählt allerdings das Amt Wittenburg nicht mit auf.
[144] V.SICHART, Geschichte Armee, wie Anm. 2, S. 465 f.

Spezialhypothek.[145]Es bekam vier Ämter überwiesen.[146]Auf diese Weise ging dem Herzogtum etwa ein Drittel seiner Einnahmen verloren.[147]Die mecklenburgische Spezialhypotheken- Kasse schloss sich 1735 an die Exekutionskasse in Boitzenburg an und bestand bis 1768.[148]Die Ämter blieben bis zur Tilgung der zugestandenen Kosten von Truppen besetzt.[149]

Die hannoverschen Interessen

Über die Ausführungen zur Regierung und Verwaltung während der mecklenburgischen Exekution hinaus ist noch kurz darauf einzugehen, warum sich Kurhannover überhaupt in Mecklenburg engagierte. Einmal selbstverständlich, weil es zusammen mit Braunschweig-Wolfenbüttel zum Konservator bestellt wurde. Es hatte zuvor aber auch schon die Anordnung einer Reichsexekution gegen den Herzog Karl Leopold in Wien betrieben.[150]Darüber hinaus ging es Hannover darum, des Herzogs Verbündeten Russland, von dem es sich bedroht fühlte, von Mecklenburg fernzuhalten. Der dem mecklenburgischen Adel angehörige erste hannoversche Minister und erste Leiter der Deutschen Kanzlei in London, Andreas Gottlieb v. Bernstorff, wollte ein Bollwerk gegen eine russische Invasion errichten und Mecklenburg-Schwerin unter hannoverschem Einfluss und dauerhaft besetzt halten,[151]nachdem der Abzug der russischen Truppen vor Beginn der Exekution erreicht worden war. Wien hingegen wollte Mecklenburg nicht unter die Herrschaft Hannovers geraten lassen.[152]Das geschah auch nicht. Allerdings kam der Verdacht auf , dass Hannover die ihm verpfändeten Ämter zu annektieren beabsichtigte. Dagegen sprach aber, dass der Kaiser, Preußen und Russland das nicht zugelassen hätten.[153]   Jedenfalls verlangte Hannover nach Aufhebung der Kommission eine unbegrenzte Besetzung.[154]   Wegen der guten Einnahmen aus den Ämtern wuchs das Interesse, den Nießbrauch in endgültigen Besitz zu verwandeln.[155]Besonderes militärisches Interesse bestand an der Festung Wismar, solange diese noch nicht geschliffen war.[156] Die hannoverschen Wünsche blieben unerfüllt, der Kontakt zu Mecklenburg-Schwerin jedoch erhalten. Als dem Kurfürstentum rd. 70 Jahre nach Aufhebung der Kommission die erste

---

[145] Hann. 9 g Nrn. 1389, 1390 und 1391.
[146] VITENSE, Geschichte Mecklenburg, wie Anm. 2, S. 265 f.
[147] BUSCH, Machtstreben, wie Anm. 2, S. 45; VITENSE, ebd.
[148] z. B. Hann. 9 g Nrn. 1747 und 1750. Eine Art Schlussrechnung war nicht auffindbar.
[149] VITENSE, Geschichte Mecklenburg, wie Anm. 2, S. 265 f.; HAVEMANN, Geschichte Braunschweig Lüneburg, wie Anm. 2, S.502. Nachgewiesen ist die Einquartierung in den Städten der Spezialhypothek bis 1764, Hann. 9 g Nr. 634.
[150] V.SICHART, Geschichte Armee, wie Anm. 2, S. 397.
[151] V.SICHART, ebd. S. 436, 450, 453; vgl. auch MEDIGER, Mecklenburg , wie Anm. 2, S. 368, 411, 442 f.
[152] V.SICHART, ebd. S. 461.
[153] MEDIGER, Meckenburg, wie Anm. 2, S.441: vgl.V.SICHART, ebd. S.446 f.
[154] V.SICHART, ebd. S. 443; MEDIGER, ebd. S. 442 f.
[155] V.SICHART, ebd. S. 464.
[156] V.SICHART, ebd., S. 448 f.

napoleonische Okkupation im Jahre 1803 bevorstand, wurden die Kriegskasse nach Wismar und die Generalkasse nach Schwerin gebracht. Auch der hannoversche Silberschatz wurde zunächst auf Schloss Bothmer im mecklenburgischen Klütz dem französischen Zugriff entzogen. Vom hannoverschen Ministerium gingen zwei Minister nach Schwerin und führten von dort aus insgeheim Regierungsgeschäfte.[157] Also noch einmal hannoversche Regierung in Mecklenburg-Schwerin. Diesmal aber nicht über das Land, sondern nur von dort aus in Richtung Hannover.

[157] SCHMIDT-STEIN, Die Verwaltung des Kurfürstentums Hannover während der ersten napoleonischen Okkupation (1803 – 1805), wie Anm. 33, S. 8, 32 f.

LITERATURVERZEICHNIS

Erich Bayer/Frank Wende, Wörterbuch zur Geschichte, Stuttgart, 5. Aufl. 1995

Helga Bei Der Wieden, Kleiner Abriss der mecklenburgischen Verfassungsgeschichte - Sechshundert Jahre mecklenburgische Verfassung, Schwerin 2007

Michael Busch, Machtstreben – Standesbewußtsein – Streitlust Landesherrschaft und Stände in Mecklenburg von 1755-1806, Köln, Weimar, Wien 2013

Wilhelm Havemann, Geschichte des Landes Braunschweig und Lüneburg, Dritter Band, Göttingen 1857

O. Hohnstein, Geschichte des Herzogtums Braunschweig, Regenten- und Stammtafel, Braunschweig 1908

Friedrich Jaeger (Hg), Enzyklopädie der Neuzeit, Stuttgard/Weimar 2005

Wolf Karge/Ernst Münch/Hartmut Schmied, Die GeschichteMecklenburgs, Rostock , 4. Aufl. 2004

Walter Mediger, Mecklenburg, Rußland und England-Hannover 1706 – 1721 2 Bde.,Hildesheim 1967

Meyers Großes Konversationslexikon, Bd. 9, Leipzig und Wien 1908

Michael North, Geschichte Mecklenburg-Vorpommern, München 2008

Johann Friedrich Pfeffinger, Historie des Braunschweig-Lüneburgischen Hauses bis auf das Jahr 1733, Dritter Theil, Hamburg 1734

Christof Römer in : Geschichte Niedersachsens, begründet von Hans Patze, Bd. 3.1, Hannover 1998

Hans- J. Schmidt-Stein, Die Verwaltung des Kurfürstentums Hannover während der ersten napoleonischen Okkupation (1803 – 1805), Hannover 2016

ders.   Die Verwaltung des Kurfürstentums Hannover zwischen der ersten und der zweiten napoleonischen Okkupation (1805/1806) – insbesondere nach der (zweiten) preußischen Inbesitznahme (1806) und in der Folgezeit (bis 1810), Hannover 2019, v.Sichardt Geschichte der Königlich Hannoverschen Armee, Zweiter Bd., Hannover 1870 Gerhard Gerhard Taddey (Hg.), Lexikon der Deutschen Geschichte, Stuttgard 1977 Territorien-Plötz,Geschichte der deutschen Länder, 1. Bd., Würzburg 1964

Zedler, Universallexikon, Bd. 13 und 20, Leipzig und Halle 1735 und 1739

Bibliographie des Verfassers

Die Samtgemeinde nach der Verwaltungs- und Gebietsreform in Niedersachsen, Hannover 1983

Der Verwaltungsvollzug der Annexion Hannovers durch Preußen – einzelne Aspekte, Hannover 2005

Die letzten Königlich Hannoverschen Staatsminister und Generalsekretäre, Hannover 2010

Karl Georg Ludwig Wermuth Generalpolizeidirektor – Landdrost – Suizident, Hannover 2011

Georg Friedrich von Falcke Eine hannoversche Beamtenkarriere im Vormärz, Hannover 2013

Die Verwaltung des Kurfürstentums Hannover während der ersten napoleonischen Okkupation (1803 – 1805), Hannover 2016

Die Verwaltung des Kurfürstentums Hannover zwischen der ersten und der zweiten napoleonischen Okkupation (1805/1806) - insbesondere nach der (zweiten) preußischen Inbesitznahme (1806) und in der Folgezeit (bis 1810), Hannover 2019,

jeweils im Selbstverlag des Verfassers.